창조문학대표시인선 294

강아지풀

김 재 완 시집

창조문학

□ 시인의 말

환한 빛이 들어오는 듯한 감명

　우연한 기회에 홍문표 교수님의 영상문학관(유튜브: 홍문표 교수 영상문학관), 홍문표 문학관(네이버 블로그)과 한국문학방송의 시 창작 대학 영상(유튜브: 홍문표 교수 시창작대학)을 보게 되었고, 교수님의 기념비적인 창조시학강의에 마치 어두운 방안으로 문이 열리면서 환한 빛이 들어오는 듯한 감명을 받았습니다.

　저는 학업을 마치고 사회생활을 하면서 뭔가 잃어버린 것을 채우듯이 틈틈이 시를 써왔는데 도대체 제가 쓴 글이 시인지 수필인지 일기인지 넋두리인지 몰라서 참 고민했는데, 교수님의 해박하신 강의를 들으며 시인이 죽은 사회에서 내가, 시라고 생각하고 내가 좋으면 좋은 시라는 따뜻한 말씀에 위안을 얻게 되었고
　시인은 죽었지만 시는 살아 있다고,
　인간이 상상을 하는 한 모든 사람들은 각자가 시인이라는 생각을 하게 되었습니다.
　저의 졸작들이 교수님의 창조적 캐논에는 함량미달이지만 앞으로 더 노력하라는 격려로 생각하며 감사드립니다.

저의 첫 시집인 이 시집은 그 동안 저에게 부모님과 같은 역할을 해 주신 맏형 김재규 형님이 칠순을 넘긴 기념으로 71수를 모아 발행하게 되었습니다. 큰 형님의 백수(白壽)를 기원합니다. (아울러 둘째 형님 김재걸, 동생 김재곤이 주님의 자녀가 되길 빕니다.)

2023년 7월

김 재 완

강아지풀
김재완 시집

◈차례◈

□ 시인의 말

제 1 부 담장을 헐면

가족사진 ······ 11
강 ······ 12
강아지풀 ······ 13
개똥 ······ 14
국경 없는 의사회 ······ 15
까치는 날아온다 ······ 16
나비효과 ······ 17
내 탓이오 ······ 18
노랑병아리 ······ 19
놀부 칠보장 ······ 20
담장을 헐면 ······ 21
더부살이 ······ 22
목돈이 필요하면 ······ 23
서낭당 ······ 24
선택과 숙명 ······ 26
수어지교(水魚之交) ······ 28
숨은그림찾기 ······ 29
쉰들러리스트 (Schindler List) ······ 31
신드롬 (syndrome) ······ 33
역발산기개세 (力拔山氣蓋世) ······ 35
연꽃이 피었습니다 ······ 36
우리 며느리는 광부 ······ 37

강아지풀
김재완 시집

위대한 청춘들에게 ……… 38
일방통행(一方通行) ……… 39
주비(君子周而不比 小人比以不周) ……… 40
쥐구멍에 볕 든 날 ……… 41
토끼의 간 ……… 42
틀린 그림 찾기 ……… 43
패러다임 [paradigm] ……… 45
평화로운 마음 ……… 46
풍요의 역설 ……… 47
하루살이 ……… 48
할머니의 리어카 ……… 50
허망한 죽음 ……… 51
환골탈태(換骨奪胎) ……… 53
황혼의 봄날 ……… 55
횡단보도 ……… 58
까마귀 날자 배 떨어진다 ……… 59
서민주의 ……… 61
어느 도둑의 반성문 ……… 63

강아지풀
김재완 시집

제 2 부 검정고무신

너의 호숫가에 ······· 69
사랑의 무게 ······· 70
단풍길 ······· 71
눈물 ······· 73
배롱나무 ······· 75
신발 ······· 76
별천지 ······· 77
건배 ······· 79
검정고무신 ······· 81
신작로 ······· 83

제 3 부 아버지의 이름

뒤를 돌아 보지마라 ······· 87
뱀이 말을 걸어오면 ······· 88
부지깽이 ······· 89
부활 ······· 90
산비둘기 ······· 94
세상에 이런 일이 ······· 95
세상이치 ······· 97
손톱 깎기 ······· 99
아버지의 이름 ······· 100

강아지풀
김재완 시집

어느 천국 ········ 101
예수님 ········ 102
오병이어(五餠二魚) ········ 103
외눈박이 ········ 105
우공이산(愚公移山) ········ 106
질그릇 ········ 107
착한 사마리아인 ········ 108
탈리오법칙 ········ 109
파스칼의 원리 ········ 111
하나님의 무지개 ········ 112
신의 침묵 ········ 114

제 4 부 그의 묘비명

그의 묘지명 ········ 123

해설
/ 홍문표 · 국경 없는 사랑과 화해의 시학 ····127

제 1 부 담장을 헐면

가족사진

가족사진을 찍는 날

(김치―)

안방에 붙박이장이 된 아빠는 빼고
그 옆에 돌아 누운 엄마도 빼고
닭모이를 구하러 나간 오빠도 빼고
바둑이와 야옹이가 자리를 채운
가족사진

 (―찰칵)

성도 다르고
얼굴도 전혀 닮지 않았지만
한 곳을 응시하는
사랑으로 똘똘 뭉쳐진
행복한 나의 가족들
나의 가족사진

예쁜 동물원 사진

강

종이배 떠돌던
해맑은 옹달샘물이

유람선 띄우는
짠 바닷물이 된 걸 보면

강은 남몰래
소리 없이 울었나보다.

강은 밤새워
땀 흘리며 일했나보다.

강아지풀

꽃도 아닌 것이
꽃처럼 한들한들,
강아지도 아닌 것이
머리를 살랑살랑

아무도 눈길조차,
손길조차 주지 않았는데도
송곳 꽂을 만한 땅만 있어도
가난한 뿌리를 내리고

유행이 지난 초록 옷을 입고서

오늘도 출근길
혼잡한 도심의 도로가에서
눈여겨보는 사람도 없는데도
저 혼자서 낯도 가리지 않고
먼저 말을 걸어온다.

꽃이 져 슬퍼하는 당신을
위로한다고 살랑이며 머리를 흔든다.

개똥

건강한 너에게 의사가 쓸모없지만
죄 없는 너에게 경찰이 쓸모없지만
이 세상에 쓸모없는 사람은 없다.

미꾸라지들에게 메기도 필요하듯이

한여름에 내복이 필요 없지만
맑게 갠 날 우산이 필요 없지만
이 세상에 필요 없는 것은 없다.

그 흔한 택시도 타려면 오지 않고
개똥도 약으로 쓰려면 귀하다.

※
메기효과 (catfish effect): 미꾸라지 떼가 있는 곳에 메기 한 마리를 넣으면 미꾸라지들이 메기를 피하려고 빨리 움직여 활동성을 유지하는 것.

국경 없는 의사회

강은 이름이 있고 국적도 있지만
강물은 그저 강물이다.
강에 흐르는 물은 모두가 강물이다.

강은 만나고 헤어지고
국경을 바꾸어 흘러가지만
빗물도 강으로 흐르면 강물이 되고
눈물도 강으로 흘러가 강물이 된다

사람들은 국적이 있지만
사랑은 국경이 없이
사람들의 가슴과 가슴속으로 흐르는
강물이다
이 차가운 세상을 적시며 흐르는 따뜻한 눈물이다

강물이 흐르듯이 누군가의 눈물이 있어
사랑도 흐른다.
이 땅위로 쏟아지는 빛줄기처럼

아픔에는 국적이 없듯이
사랑에도 국경이 없다

까치는 날아온다

비가 오나
눈이 내리나
까치는 날아온다

잔칫집 마당인지
초상집 나뭇가지인지
알지도 못 하면서

오늘도 까치는 날아온다
바람을 타고
어지러운 전신주위로

나비효과

길을 걷다가
담배꽁초 하나를 줍기가
내 집에 냉장고를 들기보다
더 힘들지만

담배꽁초 하나를 줍다보면

길 잃은 내 마음을 줍는다.

집 나간 이 세상을 줍는다.

※
나비효과 : 어떤 일이 시작될 때 있었던 아주 작은 변화가 결과에
서는 매우 큰 차이를 만들 수 있다는 이론

내 탓이오

바람이 불지 않아도
낙엽은 떨어진다.

톡,

이 세상의 모든 낙엽은
떨어진 나뭇잎이다

노랑병아리 –치매

엄마는 분명히
그 때 엄마가 맞아요.
내가 알속에서 엄마를 불렀을 때
엄마는 대답했어요.
"아가 사랑해" 라고요

지금 엄마는 악마예요

나를 쫓아다니며 쪼아대요
밥도 못 먹게 하고,
물도 못 마시게 해요
엄마가 넘 이상해졌어요.
지금 제 정신이 아니예요

매일 혼자 횃대를
오르락내리락 거리며
도대체 뭘 요구하는지 몰라요
엄마의 기억 속에 남아 있는 나는
아직도 엄마의 사랑스런
노랑병아리인가 봐요.

놀부 칠보장

가난하여 슬프다
가난하여 미안하다

그래서 칠보장도 가볍다
가난한 슬픔,
가난의 대물림보다

태초에 가난이 있어
가난이 잉태하여 슬픔을,
슬픔이 성장하여 절망을,
절망이 숙성하여 죽음을 낳았다

그러나 가난은
절망보다도 더 서럽고,
죽음보다도 더 무섭다

지금도 가난은 이곳에
사람들 등 뒤에 몰래 숨어있다

담장을 헐면

담장을 헐면
네 얼굴이 보인다

담장을 헐면
내 마음이 열린다

울타리가 걷히면
빗장이 사라지고
담쟁이처럼 얽힌
편견과 오해가 풀린다

담장이 없어지면

막힌 길이 뚫린다.
닫힌 가게가 문을 연다.

더부살이

이립(而立)이 방 한 칸을 얻어
몸이 불편한 이순(耳順)을 보살피며
한 지붕 두 가족으로 살아가는

더부살이

남들이 뭐라 해도
귀에 거슬리지 않는 엄마와
누가 뭐라 하지 않아도 눈치가 보이는
아들의 불편한 동거

하루가 낙엽처럼 소복이 쌓이고
계절은 나뭇가지를 흔들며 지나가는데
나는 겨울이 오는 줄 몰랐다.

※
0대 : 沖年(충년), 15세 : 志學(지학), 20세 : 弱冠(약관), 30세 : 而立(이립), 40세 : 不惑(불혹), 50세 : 知天命(지천명), 60세 : 耳順(이순), 70세 : 古稀(고희), 從心(종심), 77세 : 喜壽(희수), 88세 : 米壽(미수), 99세 : 白壽(백수), 100세 : 上壽(상수). 期願之壽(기원지수)

목돈이 필요하면

목돈이 필요하면
일단 복권부터 사자
푼돈이 필요하면
복권 살돈을 모으자

감나무 아래에서 울며,
감이 떨어지기를 기다리지 말고
당장 장대부터 만들자.

그런데 푼돈도
가끔은 목돈이 되기도 한다.

뒤로 안 빠지게
꽁지를 꽁꽁 잘 묶어두고
조바심 내어 손대지 않는다면
시간이 지나면 둥지 안에서
알을 까고 새끼를 친다.
굴러든 목돈보다
볼품은 좀 떨어지지만
무척 사랑스럽다.

강아지풀

서낭당

돌멩이라도
나무인형이라도
붙들고 싶은 사람들
그림에게라도
죽은 사람에게라도
기대고 싶은 사람들

너무 아파서
너무 슬퍼서
너무 배고파서
조금만 더 살기위해서

인생은 아프고, 슬프고
배가 터져서도 죽는 것

차라리 살아있는 너를

돌멩이를 쌓고
나무를 깎고
그림을 그리고

병을 고치고, 열심히 일하는
너의 손가락을 믿으시라.

빗자루도 믿으면 말을 걸어온다.
부지깽이도 믿으면 춤을 춘다.

원숭이와 너가 가장 다른 점은,
진화의 마지막 단계
신앙이다.

예나 지금이나 영원히

선택과 숙명

무엇을 선택하든
어떻게 결정하든
너는, 전적으로 자유다.

그러나 죽음은 제 발로 찾아온다.

불운한 너에게도
불쌍한 나에게도
선택하지 않아도, 공평하게

별빛조차 없는 적막한 밤길이더라도
용기 있는 너
심장박동소리라도 들으며 걸어가 보자
내일, 해가 뜨지 않아도 날은 밝는다.

문제지를 읽지도 않고 답안지를 쓰는 사람들

나는 절대로 너의 마음을 알 수는 없지만
나는 결코 너를 위로해 줄 수는 없지만
분명, 죽음처럼 우리의 삶도 숙명이다.

어떤 무늬와 색깔로 짜이든
무슨 모양이 나오든

수어지교(水魚之交)

있는 자는 갈망하고
없는 자는 절망한다.

있는 자는 두려워하고
없는 자는 노여워한다.

있는 자는 만족할 줄 모르고
없는 자는 자족할 줄 모른다.

물고기가 물을 목말라하지 않고
물이 물고기를 그리워하지 않는 것은
물고기를 잡아
도마 위에 올려놓지 않기 때문이다

　　※
　　수어지교(水魚之交): 물과 물고기의 관계라는 뜻으로,
　　　　서로 젤 수 없는 매우 친밀한 사이를 비유적으로
　　　　이르는 말

숨은그림찾기

내 눈에는 분명히 지팡이였는데
너에게는 가슴을 찌르는 화살이었구나.
내 눈에는 분명히 우산이었는데
너에게는 다리를 거는 막대기였구나.

너가 아무리 말해도
내 귀에는 들리지 않았구나
너가 그렇게 손짓해도
내 눈에는 보이지 않았구나

그래서 너의 가슴은 피멍이 들고
너의 마음에 깊은 병이 되었구나.

지나가는 산들바람이
너에게는 뼈아픔이라는 것도
따사로운 햇살이
너에게는 눈이 아린다는 것도
생각조차 하지를 못하고, 나는
너를 원망하고
너를 미워했구나.

이제는 너에게 더 다가가서
이제는 너의 옆에서
너와 함께 찾아보자.
나는 너의 지팡이가 되고 싶다.
나는 너의 우산이 되고 싶다.
맑은 날이든 흐린 날이든, 너의 곁에서

쉰들러리스트 (Schindler List)

비행기가 있어서
하늘이 있는 것이 아니다

온 세상이 눈으로 뒤덮여 있어도
모든 사람이 흰 깃발을 들고 있어도
창공이 사라지지는 않는다

태양이 빛나지 않아도
흰 깃발만 펄럭여도

푸른창공이 있는 한
쉰들러 리스트는
하늘을 나는 생명의 방주이다

새들이 국경도 없이
어디로든 날아가서 풀씨를 뿌리듯이
어느 누구도 이 지상에 싹을 낼 수 있다.
법에 있든, 법에 없든
법이 어떻던

※
오스카르 쉰들러(Oskar Schindler, 1908년 4월 28일~ 1974년 10월 9일)는 체코 태생의 독일의 사업가이다. 나치정권 당시 수감된 수많은 유대인들을 구출해냈다.

신드롬 (syndrome)

맘모스는 멸종했지만
코끼리는 살아있다
세렝게티 초원 위를 어슬렁거리며
서울대공원 철창 안에서 풀을 뜯으며

눈멀고 귀멀고, 마음이 멀어
너가 만지면서도 모르고 있을 뿐

벽인 줄 알고 두드리기도 하고
뱀이라고 꼬챙이로 찌르고
나무둥지 같아 더듬기도 하지만

코끼리는 살아있다.
이 땅위에, 이 하늘아래

너가 두드린 것도 내가 더듬은 것도
코끼리가 맞다.
눈멀고 귀멀고, 마음이 멀어
내가 만지면서도 모르고 있을 뿐

※
신드롬 [syndrome] : 여러 가지의 증세가 한꺼번에 나타나지만, 원인이 한 가지가 아니거나 명확하지 않을 경우에 이르는 병적인 증상

역발산기개세 (力拔山氣蓋世)

비 내리는 밤
한사코 빗속으로 걸어가려는 너,
억지로 붙잡을 수는 있지만

오늘은 너의 집까지 같이
비를 맞으며 걸어주는 것이 최선이다.
뒤에서 말없이

내 마음이 바뀔 때까지 기다리며

역발산 기개세하여도

※
역발산기개세 (力拔山氣蓋世) : 힘은 산을 뽑을 만하고 기운은
　　　　　　　　세상을 덮을 만하다는 뜻으로, 초패왕 항우(項羽)
　　　　　　　　를 이르는 말

연꽃이 피었습니다

연못이라서
연꽃이 자라는 것이 아니다
재잘대며 흐르는 시냇물에도
연꽃은 자라지 않는다.

연꽃은 흙탕물이 가라앉은
진흙 속에 뿌리를 내리고
맑은 물위에 고운 꽃을 피운다.

사람들이 모두 떠나간 골목길
고단한 생의 번뇌같이 버려진 쓰레기더미들
환경미화원 아저씨는 새벽부터 바쁘다
아침 해가 떠오르고, 맺힌 땀방울위에
연분홍빛 연꽃이 활짝 피었다.

밤새도록 잠 못 들어 뒤척이다가
창가에 곤히 잠든 너의 얼굴위에도

우리 며느리는 광부

여보
우리 며느리는 광부인가 봐

저번에는
사파이어를 캐오더니
금번에는 다이아몬드를.

요새는 시방
병원에서 보석을 캔다잖소
어쨌든 우리, 부자가 됐소.

위대한 청춘들에게

자갈밭에도
꿈을 심으면
희망이 열리지

빵을 먹으면 배가 부르지만
저녁이 되면 또 다시 배가 고파져

꿈은 빵이 아니지만
꿈을 먹으면 배는 고파도
희망이 배고픔을 달래줘

위대한 미래가 위대한 현재를 만들 듯이
꿈꾸는 내일이 희망찬 오늘을 열어준다.

위대한 청춘들이여
꿈을 심자
새벽이슬을 마시고, 밤별을 따먹으며
온갖 새들이 둥지를 틀만큼 크게
꿈을 가꾸어 보자.

일방통행(一方通行)

'ㅇㅇㅇㄹ'

무슨 말인지 생각하다가
마주오던 너와 어깨가 부딪혔다

'이바토해'

어느 나라 말인지
무슨 욕설인지
결국 멱살잡이를 했다

나의
일방통행은
너에게는
위험한 역주행이었다.

※
○ 일방통행 = 이바토해 + ㄹㅇㅇㅇ (= ㅇㅇㅇㄹ)자

주비 (君子周而不比 小人比以不周)

소주를 마시든
맥주를 비우든
와인을 삼키든

어떤 술이든
취하기는 똑 같다.

술은 안 해도
술집에는 같이 갈 수 있다
술값을 누가 내야하는지
다투지만 않는다면
주류와 비주류
주당과 주선과 주색
오십 보 가나, 백 보 가나
마찬가지다

다 술판이다

※
논어 위정 제이 [論語 爲政 第二] 14. 君子 周而不比 小人 比而不周
군자는 친밀하게 지내되 사리사욕을 위하여 결탁하지 않고, 소인은
사리사욕을 위하여 결탁하되 인간적으로 친밀하지는 않다.

쥐구멍에 볕 든 날

장마가 끝나면 햇빛은 더 쨍쨍하다

막노동하는 순이 아버지도
우산장수 박씨 어머니도
밭에서 품앗이하는 할머니도
햇빛알레르기가 있는 누나도

쨍쨍대는 짜증쟁이들이다

쥐들은 모처럼 살판이 났다
쥐구멍에 든 볕에
주방기구며 식기도 소독하고
몇 달간 쌓아둔 옷가지도 말린다
싹이 나는 곡식알도 널어둔다

쨍쨍한 땡볕이 너무 고맙다.

토끼의 간

육지 토끼의 간은
토끼가 살기위해 필요하지만
죽어가는 바다 용왕님께도 꼭 필요하다.

거부반응만 없다면

둘 간에 나누어 가져도 된다.

틀린 그림 찾기

거울 속에 있는 나는
나를 바라보고 있다

"너는 나를 꼭 닮았다"

거울밖에 있는 나는
나를 바라보고 있다

"너는 나를 꼭 닮았다"

나는 너를 보면
행복하다
이 세상에
나와 똑 같은 너가 있어서

거울 밖에 있는 나는
너와 정반대다
오른쪽과 왼쪽이

나는 너를 보면

행복하다
이 세상에
나와 정반대인 너가 있어서

너와 나는
정반대이지만
너도, 나도
서로 틀린 것은 아니다.

패러다임 [paradigm]

밀가루로 빵을 만들지만
빵과 밀가루는
모양이 다르고 맛이 다르고
성깔이 다르다

밀가루는 콩가루와 사촌이고
빵은 돌과 이웃사촌이다

밀가루는 뭉치면 빵이 될 수 있지만
빵은 가루를 만들어도 밀가루가 될 수 없다
그냥 빵부스러기다

밀가루로 빵을 판단하지 말자
미시세계와 거시세계처럼
인간과 우주도

너도, 나도

※
  패러다임 [paradigm]: 한 시대, 한 집단의 사람들의 견해나 사고
  를 근본적으로 규정하고 있는 인식체계.

평화로운 마음

가슴이 뛰고 싶다.
너의 가슴이 뛰듯이
내 마음도 설레이고 싶다.

너가 다가와도
사랑이 찾아와도
내 마음은 평화롭다.

심장 박동기를 교체하는 날

내 가슴에 너를 심는 날

가슴은 뛰지 않아도 감사하다.
너를 느낄 수 있어서
너의 사랑을 느낄 수 있어서

풍요의 역설

나는 해를 바라보며 서 있는데
너는 나에게 불만이다
네 것도 아니면서
심술궂은 너는 공연히 트집을 잡는다.

정글을 걷어내서 논밭을 만드는데
너는 울고 있다.
네 것을 뺏어 먹은 것도 아닌데
물밖에 나온 물고기처럼 죽어간다.

새들은 곳간이 없어도 굶어 죽지 않고
물고기는 어장이 없어도 살아가는 것은
이 세상을 나누어 가지기 때문이다.

태양과 숲과 창공을

※
풍요의 역설 : 천연 자원이 풍부한 나라들이 자원이
없는 나라들보다 오히려 경제 성장률이
낮고 빈곤 율이 높은 현상.

하루살이

하루만 살면
무엇을 하고 싶을까?

사과나무를 심고 싶지는 않을걸.

생을 고뇌할 시간도
너와 다툴 시간도 없는
하루살이들은
이 아름다운 세상에서
화려한 불빛아래
사랑의 춤을 추고 싶다.
밥 먹을 시간마저

하루살이들 때문에
한 철 여름 장사를 망쳤다고
너나없이 난리지만,
하루살이들로 먹고 사는
물고기들이 있다.
그리고 생선구이를 먹으며
고운 피부를 가진 예쁜 너는

오늘 저녁, 앉아있다.
사랑하는 연인과 헤어지기 싫어서
낭만까페의 불빛아래

할머니의 리어카

할머니의 리어카는
날이 갈수록 점점 더 커진다
집에서 기다리는 살찐 이도

새벽 일찍 리어카에 달려 나온
할머니의 퇴근길은 높다랗다
꼬부라진 등 뒤로 따라오는
아침 햇살도 짐을 보태어 준다

세월은 집나간 손주처럼
아무리 잡아두려 애를 써도
껍질만 남겨두고 달아났다.

할머니의 높다란 리어카가
오늘도 바쁜 출근길 도로위로
여유롭게 퇴근하고 있다.
할머니를 앞장세우고

―――――――――――――
※ 살찐이 : 고양이

허망한 죽음

'비행금지구역'

표식만 있었다면 -- 이렇게
허망하게 죽지는 않았을 것을.
엄마를 만나러 가던 길이,
상견례를 가던 길이
마지막 길이 될 줄이야

마른하늘에 날벼락
규제 없는 대량살상무기
인간과 새들의
소리 없는 전장의 최전선
공인된 죽음의 장벽

투명방음벽

걸어가는 것은 땅이 있듯이
날아가는 것은 창공이 있다.
새들은 자유롭게 날고 싶다.

저 푸른 하늘, 고향산천을
죽지 않고 날 권리가 있다.

새들의 자연권

환골탈태(換骨奪胎)

부부는 서로 닮는다.
해마다 똑같이 나이를 먹으니까
먹는 것이 똑같으니

수십 년 동안 똑같은 것을 먹다보니
누가 남자인지 누가 여자인지도 모르겠다.
너무 닮아서 똑같다

그래도 마음은 아직도 청춘이다.
성깔도, 버르장머리도 변하지 않았다.
눈을 감기 전에는,
둘이 붙어 있으면 부애만 난다
할배도 할매도
부애가 나기는 똑같다

붙어있는 시간이 더 많아지니
부애는 누룩 넣은 빵처럼 부풀어
죽은 줄 알았던 부애가 부활하고
가출했던 부애도 돌아오고
길 잃은 애먼 부애마저 덮친다

누구 하나가 없어지기 전에,
혼자서 벽에다가 부애질하지 않으려면
거듭나야 한다.
죽기 전에는 늦지가 않았다.
마음이 환골탈태할 때

황혼의 봄날

맑은 날이나
흐린 날이나
폭설이 내리는 날이나,
해는 지고 어둠은 내린다.
낮이 짧든 길든
저녁놀이 있든 없든

황혼은 찾아온다.

몸은 점점 저물어 가는데
마음은 되레 밝아와
마음처럼 몸이 따라오지 못하면,
마음먹은 대로 되지 않으면
저물어가는 육체의 시간을 접고
밝아오는 마음의 시간을 열자

영혼에는 나이가 없듯이
마음은 노년이 없고
마음은 가꾸는 만큼
그 만큼 여물어 가는 것

마음을 아름답게 키워보자
가끔 거름도 주고, 김도 매주며
있는 대로 그대로

지나간 날들을 후회하지 말자
푸르던 그 시절들을 그리워하지도 말자
그 때는 그 때대로 꽃길만은 아니었다.
청춘의 고뇌와 방황들 ―
지금은 너의 기억에서 지워졌을 뿐

이제는 마음이 꽃 피는 계절
황혼의 봄날을 맞이하자
너의 성숙하고 아름다운 마음이
꽃을 피우고
열매를 맺는 시간들

미네르바의 부엉이 눈알 같은
황혼의
여명이 빛나는 들녘위로
힘차게 날갯짓하며 날아오르자.

※
　미네르바의 부엉이(Owl of Minerva)는 로마 신화에서 미네르바와 항상 함께 다니는 신조(神鳥)인 부엉이를 말하는데 지혜의 상징이다. 19세기 독일의 철학자 헤겔은 그의 저서 《법철학》(1820년) 서문에 "미네르바의 부엉이는 황혼이 저물어야 그 날개를 편다"라는 유명한 경구를 남겼다.

횡단보도

파란신호등일 때만
건너야 하는 것이 아니다
너가 빨간 신호등일 때도
나는 건너가면 된다

너와 내가 맞서게 된 때
내 앞만 바라보지 않고
너 쪽을 바라보면
나는 느낄 수 있다

빨간 신호등 앞에서
출근시간이 늦어 애태우는
너의 모습이 보인다.
나는 횡단보도를 건넌다

느리지만, 되도록 빨리

까마귀 날자 배 떨어진다

배꽃은 피고,

까마귀는 오늘 여느 때보다 더 일찍 일어나
장을 보러 나왔다.
올 봄에 알을 깐 노랑부리들에게 건네줄
신선한 먹거리를 구하려고

가슴이 부풀어 저절로 흥이 났다.

점심나절에 어느 결혼식장 웨딩카위에 앉아
잠시 쉰 것이 화근이 되었다.
잔치집이 초상집처럼 술렁이고 새 신부는
너무 놀라서 새파랗게 울었다.
까마귀가 곁에 다가가 위로하려고 하면 할수록
소동은 더욱 커졌다.

까마귀는 오늘도 복장이 새까맣게 탄다.

사람들은 왠지 까마귀가 불길하다.
아무런 과학적 근거가 없다는 것은 알고 있다.

그런데 누구도, 왜 그런지도 생각하기가 싫다.

다른 새들은 때로는 지저귀기도 하고
가끔은 흥겨워 노래도 하는데
까마귀는 언제나 울기만 한다.

까악 까악 ―

땅거미는 내려오는데,
까마귀 한 마리가 푸드덕 날아간다.
새끼들이 기다리는 둥지를 향해
하얀 배꽃이 떨어지는 밭을 가로질러

서민주의

민주주의(자유민주주의, 인민민주주의, 수정민주주의)
자본주의, 공산주의, 사회주의, 민중주의, 복지주의

명칭이 무엇이든

두드리고 싶은 사람은
두드릴 수 있고
찾고 싶은 사람은
찾을 수 있는 주의

내 힘으로
내 마음이 가는대로
어떻게 두드리든, 무엇을 찾든
노력하면 한 만큼, 그 만큼
희망을 갖고 살아갈 수 있는 나라

서민주의 국가

서민들은 살아가고 싶다
혼자 힘으로 숨 쉬며 살고 싶다

희망을 키우며 살고 싶다
오늘도 골목식당 김 사장님은
딸아이가 대학문을 두드릴 때까지는 전기세만 나와도
가게 불을 살려둘 작정이란다.

어느 도둑의 반성문
- 존경하는 판사님 전상서

제가 처음 예배당에서 십자가를 들고 나온 것은 가족끼리 사랑을 나누기 위한 것이었고,

그 해 봄 부처님 오신 날에 불전함을 숨기고 나온 것은 무식한 중생을 위한 것이었고,

몇 년 전인가 혼자 밤길을 걷던 처자의 핸드백을 당긴 것은 외로운 마음을 위로하려 했던 것이었고,

어느 추운 겨울, 빈집에서 불을 피우고 헌운동화를 신고 나온 것은 그 해 발생한 엘니뇨 때문이었고,

지난번에 식당에 몰래 들어가서 식은 밥을 먹은 것은 예고도 없이 일자리에서 쫓겨난 생존권을 지키기 위한 것이었고,

이번에 제가 옆집에서 숟가락, 밥그릇을 가져온 것은 보험적용이 안 되는 난치병으로 누워있는 딸아이 약값에 보태기 위해서 였습니다.

그밖에도 기억조차 나지 않는 일들이
적금 통장에 푼돈들이 모여 목돈이 되듯이 쌓여
어느덧 전과가 좀 되었습니다.

그런데 상기 품목들을 금액으로 환산하자면 감정을 안 넣어 봐도 대략 우리나라 대졸자 한 달 치 평균초임

도 되지 않습니다.
존경하는 판사님, 그런데 왜 제 옆에 앉아 있던
한 사람의 인생을 전부 말아먹은 죄인보다 저의 형기가 더 길게 구형되었는지 이해가 되지 않습니다.
반성문을 보더라도 제가 여러 번을, 수십 장을 더 써내었는데 왜 참작이 안 되었는지도 모르겠습니다.

저가 시방 가방끈은 짧아도 바둑은 좀 하는데요.

" 대마불사 "
" 대도무문 "

이라고, 이게 법에도 먹히는지요?

죄는 미워도 사람은 미워하지 않으시는 판사님
존경하는 판사님께 이 반성문을 쓰는 것도 반성하오며 앞으로 이 사회에 꼭 필요한 사람, 이 세상에 사랑과 자비를 실천하며 살아가는 사람이 되겠습니다.

이를 참작하시어 부디 선처해 주시길 간곡히 부탁드립니다

―늙은 전과 수십 범(잡범) 올림―

그런데 이번에도 수십 범님은 수 년형을 선고받고 감방으로 복귀했다. 반성문에 반성의 기미가 전혀 보이지 않았기 때문이라는 것이 국선변호사의 설명이었지만, 사실은 법전에는 없지만
소위 "괘씸죄"가 적용된 경우라고 귀띔했다.

제 2 부 검정고무신

너의 호숫가에

나는 너의 호숫가에서 자라는
한 그루 나무이고 싶다.
너에게 뿌리를 내리고
너의 아픈 눈물을 마시며 살고 싶다.

나는 너의 호숫가에 둥지를 틀고 사는
외로운 안개이고 싶다
새벽이면 찬이슬에 떨고 있는 너를
솜이불처럼 따뜻이 덮어주고 싶다.

나는 너의 호수 속에 살고 있는
한 마리 물고기이고 싶다.
너의 수심 가장 깊은 곳에서
너만을 위한
소리 없는 울림을 만들어 주고 싶다.

사랑의 무게

사랑을 재단하여 입고 갈 수 있다면
사랑을 포장하여 들고 갈 수 있다면

그대는 사랑 때문에 울지 않겠지

사랑의 무게는
생명의 무게,
어떤 저울로도 잴 수 없는

그대의 가슴에
사랑이 가시처럼 돋아나 아프게 하면
그대 온 몸을 다 내어주라.
사랑이 뿌리내려 꽃피울 수 있게
그대의 생명 속에

단풍길

눈부신 햇살도 안녕히
짓궂은 바람도 안녕히
고마운 비님도 안녕히.

못 다한 사랑은 바람결에 숨기고
못 다한 말은 가슴속에 감추고
가슴이 타올라
빨갛게 타올라
마지막 고운 화장하고 떠나가는 길.

찬란한 젊음이여 안녕히.
푸르던 계절이여 안녕히
아름다운 날들이여 안녕히

정 그리워 애태우던 머슴살이길
정들자 이별하는 더부살이길
가슴이 멍들어
노랗게 멍들어
산 너머, 고개 너머 넘어가는 길.

떨어진 흔적조차 사라진 후에
남겨둔 기억조차 지워진 후에
또 다시 새 잎이 돋아날 때쯤
빨간 저녁놀이 타오르며는
노란 달님이 떠오르며는
나는 그대 곁에 있을 겁니다.

눈물

슬픔이 내게 물었다
얼마나 슬픈지
아픔이 내게 물었다
얼마나 아픈지

슬픔도, 아픔도
눈물이 날만큼

내 마음은 너무 슬프다
내 몸이 너무 아프다

그런데
너무 기쁠 때에도
기뻐서 나는
눈물을 흘렸다

눈물을 감출 수는 있어도
흘러내리는 눈물을 막을 수가 없다.

슬픔과 아픔, 기쁨으로 아롱진

이 세상은 눈물로 가꾸는 꽃밭
사람들은 눈물에 젖으며 피어난 꽃이다.

배롱나무

부모님 산소 앞에 심은
배롱나무 두 그루

얼마나 기다리셨는지
껍질이 다 벗겨졌네.

신발

하루 종일 걸렸다
너를 찾아서

한평생이 걸렸다
나를 찾아서

별천지

별이 뜬다.
목동들이 피리 부는 초원위로
낙타들이 순례하는 모래사막위로
전갈을 낳은 물고기가 헤엄치는
물병 안으로

바닷가 모래알보다 더 많은
수많은 사연들이
밤하늘로 올라가
저마다 반짝이는 별이 된다.
밤하늘을 수놓는 전설이 된다.

밤하늘은 온통 별들의 이야기
별들의 아라비안나이트
이 세상은 반짝이는 별들의 고향
별들이 태어나는 곳

이 세상은 별천지

※
정신없이 바쁘게 살아가다가
정말 오랜만에 올려다 본 밤하늘에 수많은 별들
반짝이는 별들이 너무 아름답습니다.
이 세상 사람들은 각자 자기만의 사연을 가슴에 품고 살아갑니다.
가슴 아픈 사연들, 가슴 설레는 사연들…….
수많은 사람들의 수많은 사연들이 밤하늘에 올라가
수많은 별이 되고, 별자리가 되고, 전설이 되고 이야기가 됩니다.
이 세상 모든 사람들은 신화나 전설에 나오는 주인공들입니다.
그래서 이 세상은 별들이 자라나는 곳입니다.
밤하늘에 반짝이는 별들이 태어나는
별들의 고향입니다

건배

친구여 — !

이름 없는 사랑으로 태어나
생 나무둥지 같은 이 곳에서
매운 연기 속에
눈물마른 불티만 날리다가

이제 사랑이 다 타고 하얀 재만 남은
너를 위해 건배한다.

얼굴 없는 사랑으로
잊히는 이여.
너의 치열했던 사랑을 위하여,
다시 사랑으로 태어나길 빌며

건배 — !

너와 나의 마지막 잔
생로병사를 칵테일 한 사랑 폭탄주
이번 잔은 미련 없이 단번에 비우자.

먼저 귀가하는 너를 위해,

그리고 우리들의 다음 캠핑을 기대하며

검정고무신

 도회지로 전학을 갔다가 되돌아온 윗동네 영숙이가 분홍색 가방을 메고 하얀 운동화를 신고 학교에 왔다. 나는 영숙이를 몰래 훔쳐보았다.
 영숙이는 동화책속에 나오는 선녀 같았다. 옆집 순자는 아침부터 울음보가 터졌다. 꿰맨 검정고무신이 다시 터져 발가락이 튀어나와 학교에 못 간다고 울어댔다. 나는 내 검정고무신 한 켤레를 몰래 순자방 샛문 가에 놓아두고 왔다. 그날 저녁 잠들다만 머리맡에서
 아버지가 어머니에게 말씀하셨다.

 "지 놈은 쉰둥이라서 그런지
 마음이 너무 여려서, 이 험한……"

 아침에 출근을 한다고 구두를 신고 있는데 아내가 딸아이의 신발을 새로 사주어야 한단다. 요즘 애들은 메이커가 없는 신발을 신으면 왕따 당한다고……. 흘리듯 슬며시 귀띔을 해준다.
 나는 갑자기 내 검정고무신이 생각났다.

 내 검정고무신도 메이커이다.

공룡은 책장 속으로 사라졌지만
공룡발자국은 바위위에 선명히 찍혀 있듯이

신작로

　코흘리개 아들을 앞장세우고 재 너머 읍내 장에 쌀 한 말을 팔러 쉬어쉬어 넘어가던 토끼 길에 몸져누우신 아버지를 대신해 국민 학교에 다니는 맏이가 길 부역을 나왔다, 머릿수를 채우려고. 하얀 서릿발을 곤추세운 동장군의 매서운 칼바람에 솜바지도 맥없이 날아가고 두 귀는 떨어져 나갔다. 그렇게 구렁이 담 넘듯이 구불구불 산등성이를 타고 돌아 만든 길 - 신작로. 오늘은 아들의 자동차를 타고 아버지 산소에 성묘를 가는 길에 산허리를 토막토막 잘라 4차선 직선도로를 만드는 공사가 한창이다. 어릴 때 그렇게도 넓어 보이던 길이었는데 아들은 도로가 험하다고 길이 끝날 때까지 쭉 불평을 토해냈다.
　해는 지고 땅거미가 내리자 아들은 한사코 북새통인 고속도로로 먼저 돌아가고, 밤은 깊어 가는데 아버지는 장터에서 집으로 돌아가는 길에 재 아래 주막집에 들르셨다. 나는 아버지를 기다리며 주막집 마당에서 누렁이와 놀다 잠이 들었다.
　흙길을 걸어서, 아스팔트길을 달려서 왔다. 흰머리를 아무리 솎아내도 검은 머리가 되지는 않는다고 하시던 아버지는 오늘도 혼자서 술 한 잔을 들고서 이제는 백발만 소복한 아들에게 아무런 말씀도 없으시다.

제 3 부 아버지의 이름

뒤를 돌아 보지마라

꽃길이 아니다.
가로등길이 아니다.

깜깜한 밤에
가시덤불 길로 걸어가는 그대
갈 길 바쁜 그대

뒤를 돌아보지 마라

죽은 자는 죽은 자가 장사하도록 두고
너는 넘어지지 말고
똑 바로 걸어라

※
[누가복음] 제9장 59. 또 다른 사람에게 나를 따르라 하시니
그가 이르되 나로 먼저 가서 내 아버지를 장사하게
허락하옵소서 60. 이르시되 죽은 자들로 자기의 죽은
자들을 장사하게 하고 너는 가서 하나님의 나라를
전파하라 하시고

뱀이 말을 걸어오면

너무 놀라지 말고

눈을 마주치지 말자
아무리 얼굴을 들이 밀어도
아무 말도 하지 말고
오늘 일용할 양식을 생각하자

그리고 나를 용서하듯이
불쌍한 뱀을 용서하자.
먼저 마음을 비우고
마지막으로 뱀에 물리지 않도록
적당한 거리를 유지하자.

그래도 끝까지 말을 걸어오면

두 눈을 질끈 감고
구둣발 뒤꿈치로 지긋이
안 죽을 만큼만 밟아주자
좀 징그럽지만.

부지깽이

부지깽이가 불을 피우는 것이 아니다
솥이 밥을 짓는 것이 아니다
부지깽이가 불을 피워
솥 밥을 짓는다면

내일은 분명 해가 서쪽에서 뜰 거다

부지깽이로 불을 지피지만
밥은 사람이 짓고
사람이 먹기 위해 밥을 짓는다.
부지깽이 나무를 부질없이 자랑 말고
밥솥에 밥이 타지는 않는지
배고픈 사람은 없는 지나 살펴보자

나무를 보지 말고 그 열매를 보라
열매가 좋으면 그 나무도 좋다

※
[마태복음]제7장 18. 좋은 나무가 나쁜 열매를 맺을 수 없고
못된 나무가 아름다운 열매를 맺을 수 없느니라.
20. 이러므로 그들의 열매로 그들을 알리라

부활

죽음이 없으면
부활도 없다

엄마의 고통속에서 아기가 태어나듯이

죽음이라는 고통이 있어
영원한 생명이 있다

아침에 잠에서 깨어나
어제 내 모습을 기억하듯이
오늘 할 일들이 생각나듯이

죽음이 있어
부활이 있다

※
하나님은 왜 인간에게 죽음을 주었는가?

하나님은 인간에게 영원한 생명을 주기 위해서
인간에게 죽음의 고통을 주었다
죽음은 영원한 생명을 위하여 필요한 것이다.

인간에게 죽음이 없다면?
죽음에 대한 두려움이 없다면?

인간에게는 신이 필요가 없다
인간은 스스로 영원불멸의 신이 되기 때문이다
그렇게 신이 된 인간은 스스로 악마가 된다
이 하늘아래 의인은 없다. 선하신 분은
주님뿐이기 때문이다.

하나님은 인간들이 악마가 되지 않기를 바란다.

창조물과 피조물의 질서를 일방적으로 어긴
인간의 불순종
에덴동산을 걷어찬 인간들을 악의 세력으로부터
지키기 위하여
주님은 죽음이라는 극단적인 방법을 선택했다.
동산의 생명나무를 감추셨다.
주님은 우리가 당신의 자녀로서 올바르게 살아가게 하기 위하여
우리가 악마가 되거나
사탄의 졸개가 되지 않게 하기 위하여

우리에게 육체의 죽음을 주었다.

그리고 주님은 스스로 신이 되지 않은, 죽을 수밖에 없는 당신의 자녀들에게 육신의 죽음 후에 부활을 통하여 악이 득세한 이 세상이 아닌 당신품안에서의 완전한 생명을 주신다
따라서 이 세상에서 우리 육신의 죽음은 우리를 위해

우리의 올바른 생명을 지키기 위해 필요한 것이다.
우리에게 죽음을 줄 수 있는 존재는
우리에게 생명을 줄 수 있기 때문이다.

그러므로 우리에게는 너무나 두렵고 슬픈,
지상의 삶이 끝장나는 암흑 같은 죽음도
창조주인 하나님이 보시면 우리가 죽는 것이 아니다.
우리 모두는 주님 안에서 영원히 살아 있다.

죽음은 단지 이 세상에서 불완전한 존재인 내가
올바로 살아가게 하기 위해 주신 것,
주님이 나에게 주신 고귀한 생명을 악마로부터 온전하고
안전하게 지키기 위해 필요한 것,
그것은 주님의 사랑이다.

그러므로 우리는 육체의 죽음에 절망하지도 말고,
지상의 삶이 모든 것인 냥
방종하지도 집착하지도 말고
항상 겸손하고 범사에 감사하며 살아야 한다
주님의 뜻이 펼쳐질 이 세상에
주님이 주신 소중한 생명
내게 주신 두 번 다시 오지 않는 기회에 감사하고
마지막 순간까지 하나님이 보시기에
올바르게 살아가야 한다.
하나님의 품속에서 하나님과 함께하는
평화로운 영원한 삶을 꿈꾸며

- 서로 사랑하라, 네 이웃을 네 몸같이 사랑하라.-

산비둘기

가난은 죄가 아닙니다
가난하다고 죄를 짓지 않습니다
가난해도 죄가 없어지지는 않습니다

그러나 가난하다고
죄를 용서받을 수 없어서는 안 됩니다
그래서 너무 감사합니다

산비둘기 한 쌍을 들고
나는 당신 앞에 나아갑니다
황소만큼 큰 내 죄를 실어
비둘기를 날려 보냅니다
날개가 부러질 듯 너무 무거워
다시는 죄를 짓지 않겠다고
또 다시 맹세합니다.

비둘기들이 날아가고 있다.

가난이 죄가 아닌 세상
가난이 죄가 되지 않는 세상으로

세상에 이런 일이

원숭이가 이 우주를 창조했다면
먼지들이 청소기를 발명했다면
아들이 아버지를 낳았다면
옆집 순이가 개울물을 마시고
뱀을 잉태했다면

세상에 이런 일이—

잠만 자는 멍멍이가 억만장자라면
등골이 빠지도록 일해도 나는
항상 배가 고프면
그래서 공부가 제일 쉬웠다면
숨 쉬는 게 제일 힘들었다면

세상에 그런 일이—

새는 어떻게 나는지 몰라도 날아가고
별은 왜 빛나는지 고민 없이 반짝이고
지구는 계산을 넣지 않아도 정확히 돌고
바람은 도대체 어디서 불어와서

어디로 가는지 모르지만

오늘도 날은 밝고, 비가 내린다.
그리고 나는 힘들게 바벨탑을 쌓는다.
가시덤불과 엉겅퀴를 제거하고

수치를 재고, 등급을 매겨가며
나의 노고와 자식들의 눈물을 짓이겨
가난한 자, 애통해하는 자
아벨의 피 값으로

천지도 모르는 소리를 지껄이며—

※
[창세기] 제4장 9. 여호와께서 가인에게 이르시되 네 아우 아벨이 어디 있느냐. 그가 가로되 내가 알지 못하나이다 내가 내 아우를 지키는 자니이까 10. 이르시되 네가 무엇을 하였느냐 네 아우의 핏소리가 땅에서부터 내게 호소하느니라 11. 땅이 그 입을 벌려 네 손에서부터 네 아우의 피를 받았은즉 네가 땅에서 저주를 받으리니 12. 네가 밭 갈아도 땅이 다시는 그 효력을 네게 주지 아니할 것이요 너는 땅에서 피하며 유리하는 자가 되리라.

세상이치

세상이치 다 그런 거지
안 봐도 뻔하지
아침 하늘이 붉으면 오늘은 날이 궂겠고
저녁노을이 붉으면 내일은 날이 맑겠고

태초에 천지를 창조하였는지
우연히 너무너무 운좋게도 생겨났는지
너가 태어날 확률이 얼마인지는 몰라도
너가 어떻게 태어났는지 뻔하지

안 봐도 뻔하지

우주의 끝이 있는지 없는지
예수가 부활했는지 사기인지
세상이치 뻔하지
나는 태어나 오늘 여기 있고
죽지 않기 위해 먹고 살아야 하고
언젠가는 반드시 죽는다는 거지

나머지는 덤이지.

그래서 나는 오늘, 누군가가 그렇게 살고
싶어 하던 이 지구에서 하루를 시작하는 하지.
총성 없는 전쟁터로 나가는 거지

몸은 무겁지만
꿈을 가지고

밑져도 본전이지만
혹시 문밖에서 울며 이를 갈지 않도록
열심히 기도하며.

※

[누가복음] 제13장 24. 좁은 문으로 들어가기를 힘쓰라
내가 너희에게 이르노니 들어가기를 구하여도 못하는 자가
많으리라 25. 집 주인이 일어나 문을 한 번 닫은 후에 너희가
밖에 서서 문을 두드리며 주여 열어 주소서 하면 그가 대답하
여 이르되 나는 너희가 어디에서 온 자인지 알지 못하노라 하
리니 26. 그 때에 너희가 말하되 우리는 주 앞에서 먹고 마셨
으며 주는 또한 우리의 길거리에서 가르치셨나이다 하나 27.
그가 너희에게 말하여 이르되 나는 너희가 어디에서 왔는지
알지 못하노라 행악하는 모든 자들아 나를 떠나 가라 하리라
28. 너희가 아브라함과 이삭과 야곱과 모든 선지자는 하나님
나라에 있고 오직 너희는 밖에 쫓겨난 것을 볼 때에 거기서
슬피 울며 이를 갈리라

손톱 깎기

손톱이 저절로 자라듯이
예쁜 너를 보면 저절로 눈길이 간다
멋진 너를 보면 저절로 마음이 설렌다

꽃은 꺾지 않아도 아름답다.

매일 애써 손톱을 깍지 말고
오늘 하루도 마음을 비우자

심령이 가난한 자는 복이 있나니

아버지의 이름

엘로힘, 엘리, 엘로하, 여호와
하늘님, 하나님
창조주, 조물주, 상제님
......

자식이 많다보니 이름도 참 많다

어떻게 부르든

관측 불가능한 이 우주를 창조하시고,
당신의 독생자를 대속물로 이 지구행성에 보내시고,
바이러스 같은 우리를 죄에서 자유롭게 하시고,
영원한 생명나무를 주신 분이라면

모두가 나의 아버지 존함이다.

어느 천국

우리들의 천국에는 장애가 없어요
사랑은 마음으로 하잖아요
그렇죠?

우리들의 천국에는 눈물이 없어요
시집 장가가서 처자식을 먹여 살릴 일이
없잖아요
그렇죠?

우리들의 천국에는 죽음이 없어요
천국은 요단강을 건너서 오잖아요.
그렇죠?

장애도, 눈물도, 죽음도
지구에 중력이 있기 때문이에요.
알겠죠?

모르는 척하지 마세요!

예수님

예수님은 신분제를 폐지하고
조세제도, 상속 제도를 개편하고
빈곤을 타파하고
민족독립을 위하여

이 땅에 오시지 않으셨다

노예도, 세리도, 가난한 사람도
핍박 받는 사람도, 슬퍼하는 사람도
천국에 가는 문을 열어주려 오셨다

광야에서 사탄의 유혹에 불구하고

이 세상의 가난과 정의와 정치,
그것들은 끝판 왕 싸움꾼들인
우리에게 모두 맡기셨다.

오병이어(五餠二魚)

별이 죽어 너가 태어났다면
너가 죽어 별이 된다면
이 돌멩이들로도
아브라함의 후손들을 만들 수 있다
남자만 오천 명은 충분히

빵과 물고기가 너가 된다면
너가 죽어 빵과 물고기가 된다면
빵 다섯 개와 물고기 두 마리로
남자만 오천 명은 다 먹이고
열두 광주리는 채울 수 있다

오병이어가 전설이라면
너가 오늘, 이 지구위에서
밤하늘의 별들을 바라보며
빵과 물고기를 먹고 있는 것이
이 알 수 없는 우주에서
더 신비스런 전설로 남을 것이다.

빵과 물고기를 먹고 배부른 너가

배가 아프도록 먹지 않고
곰팡이가 피도록 쌓아두지 말고
너의 옆에 앉아 있는 배고픈 너에게
조금씩만 떼어주면

오병이어는 오늘도 전설이 아니다.

※
오병이어의 기적(五餠二魚―奇蹟): 예수의 기적 가운데 하나로, 예수가 한 소년으로부터 빵 다섯 개와 물고기 두 마리를 취하여 5천 명의 군중을 먹였다는 기적

외눈박이

외눈박이가 한 눈을 뜨면
감사하지 않는다.
양눈박이가 두 눈을 뜨면
감사하지 않는다.

원래 자기 눈을 뜬 것이다.

양눈박이가
외눈만을 뜨게 되면
감사한다.
호들갑을 떤다.

소경이 눈을 뜬 것이다.

우공이산(愚公移山)

동양이나 서양이나
예나 지금이나
사람은 산을 옮길 수 있다
생각과 말이 씨앗이 되어

어리석은 생각으로도,
겨자씨 한 알 만한
믿음으로도
기적은 항상 일어나고 있다

사람은 하나님의 형상을 따라
만들어졌기 때문에

※
[마태복음] 제17장 20. 예수께서 그들에게 말씀하시기를
"너희가 믿지 않기 때문이라. 진실로 내가 너희에게 말하노니, 너희에게 겨자씨 한 알만한 믿음이 있다면, 너희가 이 산에게 말하여 여기서 저리로 옮겨져라.'
하면 옮겨질 것이요, 또 너희에게 불가능한 일이 전혀 없을 것이니라.

질그릇

금수저, 은수저, 흙수저
금그릇, 은그릇, 질그릇

뜨끈한 뚝배기 해장국 그릇에는
흙수저가 제격이듯이
귀한 보배를 숨기기에는 질그릇이 최고다
도둑이 들지도 않고
깨어진 질그릇 속에 든
보배는 더욱 빛나기 때문에

착한 사마리아인

착한 사마리아인은
특별전형으로 천국에 간다
정시보다는 좀 쉽다.

정시로 가나 수시로 가나
천국은 똑 같다

※

[누가복음] 제10장 30. 예수께서 대답하여 이르시되 어떤 사람이 예루살렘에서 여리고로 내려가다가 강도를 만나매 강도들이 그 옷을 벗기고 때려 거의 죽은 것을 버리고 갔더라. 31 마침 한 제사장이 그 길로 내려가다 그를 보고 피하여 지나가고 32. 또 이와 같이 한 레위인도 그 곳에 이르러 그를 보고 피하여 지나가되 33. 어떤 사마리아 사람은 여행하는 중 거기 이르러 그를 보고 불쌍히 여겨 34. 가까이 가서 기름과 포도주를 그 상처에 붓고 싸매고 자기 짐승에 태워 주막으로 데리고 가서 돌보아 주니라 35. 그 이튿날 그가 주막 주인에게 데나리온 둘을 주며 이르되 이 사람을 돌보아 주라 비용이 더 들면 내가 돌아올 때에 갚으리라 하였으니 36. 네 생각에는 이 세 사람 중에 누가 강도 만난 자의 이웃이 되겠느냐
37. 이르되 자비를 베푼 자니이다 예수께서 이르시되 가서 너도 이와 같이 하라 하시니라.

탈리오법칙

눈에는 눈
이에는 이

귀에는 귀
소음에는 소음으로

너무 용쓰다가 내 눈알이 빠졌다고
너무 애쓰다가 내 이빨이 부러졌다고
하나밖에 없는 생명을 뽑지는 말자
두 번 다시 되심을 수 없는

생명에는 생명으로
한 번밖에 없는 소중한 너의 목숨

오른쪽 뺨을 때리면 왼쪽 뺨도 내주자
속옷을 빼앗으면 겉옷도 벗어주자
오리를 끌고 가면 십리를 같이 가주자

탈리오

눈물의 데드라인
사랑의 스타트라인

※
[신명기] 제19장 21. 네 눈이 긍휼히 여기지 말라, 생명에는 생명으로, 눈에는 눈으로, 이에는 이로, 손에는 손으로, 발에는 발로이니라

파스칼의 원리

내 발바닥으로 밀어
5톤 트럭을 멈출 수 있듯이
내 짧은 믿음으로
영원한 생명을 얻을 수 있다면

까짓것, 한 번 밀어보자!
밑져야 본전인데

※
파스칼의 원리 : 밀폐된 유체의 일부에 압력을 가하면 그 압력이 유체 내의 모든 곳에 같은 크기로 전달된다고 하는 원리. 유압기, 공기 제동기 등은 이 원리를 응용한 것이다. 1653년에 프랑스의 학자 파스칼이 발견하였다.

하나님의 무지개

주님
죄는 미워도

아기의 해맑은 웃음에도,
엄마의 눈먼 사랑에도,
참회의 뜨거운 눈물에도

무지개를 하나씩 띄워 주세요.

주님
이 하늘아래 의인은 없어도

가난한 고아,
애통해하는 과부,
온유한 건물주,
목마른 나그네는

그 숫자에 넣어 주세요.

그래서 한 사람만 계산하신다면

비온 후, 매 번 무지개가 뜨는 이유를
이제 알 것도 같아요.

신의 침묵

해안가에 버려진 쓰레기더미위로
아이들이 파리 떼를 따라 이리저리 맨발로
돌아다닙니다.
무너진 바벨탑의 잔해 속에서 잃어버린
언어를 줍는 고고학자처럼, 바다 속에 침몰한
보물 선에서 숨겨진 보물을 찾듯이
진지합니다.

그런데 매번 찾은 것은 누군가의 말라버린
눈물과 철지난 욕망뿐 입니다
어느 하나도 새로운 것은 없습니다.

저 하늘의 별들 속에
바닷가 모래알보다 더 작은 이 행성위에
현미경으로도 보이지 않는 나, 나의 고뇌는 내가
선택할 여지도 없이 무방비 상태로 이 세상에
던져진 때 빅뱅처럼 탄생했습니다.
그러나 나에게는 전 우주보다도
더 무겁습니다.

아이들은 해가 지고서 집으로 돌아와
잠이 들었습니다.
거대한 쓰레기더미가 가라앉기 시작합니다.
하늘이 두루마리처럼 걷혀 날아가고
땅이 입을 벌려 쓰레기더미를 삼키는
가위눌린 꿈을 꿉니다.

검푸른 파도가 밀려옵니다.
오늘은 폭풍우가 내리려나 봅니다.
이 세상의 임금이 멸망하고 더 이상 절규와
사망이 없는, 새 하늘과 새 땅이 오는
그 날까지 아이들은 다시 용기를 내어
바닷가로 나갑니다.

※
도대체 신은 있는가.
신이 있다면 이 세상이 왜 이 모양이냐?

 선량한 사람들의 무고한 죽음, 어린아이들의 죄 없는 굶주림과 죽음, 살인과 강도 등 끊임없는 반인륜적인 범죄, 전쟁과 대량학살 등 반문명적인 범죄. 이 사회의 부조리, 불의와 불공정, 부의 불평등과 빈곤의 악순환,

끊이지 않고 일어나는 자살, 인종차별, 여성과 아동학대, 지진과 태풍 등 자연재해와 끔찍한 대참사들, 반복적으로 발생하는 사건, 사고들 – 이러한 이 세상과 인간의 상황을 보면서 전지전능하다는 신이 있다면 왜 침묵하고 있는가? 선하고 공의로운 신이 있다면 어떻게 이런 일들이 이렇게 끊임없이 반복되어 이 세상에서 일어나도록 방치할 수가 있나. 이 세상 인간들의 끝없는 눈물과 처절한 절규들에도 침묵하고 있는 신은 우리가 결코 믿을 신이 아니지 않나?

그러나 우리는 생각을 바꾸어 이 세상을 바라볼 필요가 있다.

하나님이 처음 창조하신 이 세상은 선하신 하나님이 보시기에 좋았고 당신의 모상으로 창조된 인간은 보시기에 심히 좋았다. 하나님이 창조하신 이 세상은 신과 인간과 자연이 질서와 조화 속에 평화롭고 행복한 곳이었다. 그런데 모든 것은 일순간에 일그러졌다. 인간의 불순종으로 주님이 만드신 질서와 조화는 파괴되었다. 그것은 사탄의 계략과 이에 편승한 인간의 오만이 만든 합작품이었다.

인간의 오만과 불순종으로 인간과 자연의 질서와 조화는 깨어지고 인간은 죄와 타락의 길로 접어들었고 죄는 인간의 고통과 죽음을 가져왔다. 신과 인간 간, 인간과 자연 간, 인간과 인간 간의 단절과 고립으로 충돌과 갈등이 발생하고 인간의 욕구는 언제나 만족을 얻지 못하여 인간 간 투쟁으로 살인과 죽음이 생겼고 인간은 시간적, 공간적으로 한계를 가진 절망적인 존재로 죽음의 기운이 가득 찬 이 세상에서 생존을 하기 위해 육체적으로 피땀을 흘리고 정신적으로 고뇌하는 번민하는 존재가 되었다. 그리고 이는 필연적으로 이 사회에 빈부격차, 불평등, 부조리가 생기게 되었고 살인과 죽음 즉 사탄의 속성이 인간과 이 세상을 지배하기 시작했다. 하나님의 선한 속성과 복을 인간은 스스로 걷어찼다. 그리고 그것은 대를

이어 유전되었다.

하나님 발등상, 그 분의 뜻이 실현되어야 할 이 세상은 지금 마귀가 지배하는 곳 즉 이 세상의 임금이 지배하는 곳이 되었다. 마귀와 그 졸개들이 다스리는 곳, 악이 지배하는 곳이 되었다. 인간들은 무신론, 약육강식과 적자생존의 무신론적 진화론, 유물론, 물질만능주의와

쾌락지향주의, 타락한 이성주의, 맹목적 과학만능주의를 우상처럼 섬기고 그것들이 이 세상을 구원할 것이라는 환상속에서 살아가게 되었다. 결국 이 세상은 불합리하고 부조리한 곳, 고통과 죽음이 있는 지옥 같은 곳. 곰팡이와 파리 떼가 우글거리는 썩는 냄새가 진동하는 곳이 되었다. 하나님이 보시기에는 이 세상의 임금 즉 마귀가 지배하는 이 세상은 죄와 부조리가 가득하여 멸망하고 폐기처분할 곳이다. 따라서 이 세상이 이 모양이므로 더욱 하나님이 필요하고 심판의 날이 반드시 필요하다. 하나님의 공의가 실현되는 곳. 선하신 하나님의 뜻이 실현되는 새 하늘과 새 땅이 필요하다. 지금 이 세상은 우리가 잠시 존재하는 곳, 새 하늘과 새 땅이 오기전인 심판의 중간기이다.

그 날 이전에 주님은 당신이 창조하신 이 세상과 인간을 사랑하셔서 하나님의 뜻이 하늘에서와 같이 이 땅위에 이루어지기전인 이 처절한 세상 속에 이처럼 절망적인 인간을 위해 구원자이신 주님의 독생자 예수님을 보내시고 그 분을 믿는 사람들에게 주님의 자녀가 되는 특권을 주시고 예수님의 보속의 피로 이 지옥 같은 세상, 죽음으로부터 인간을 구원하셨다.

이제 새 하늘과 새 땅이 오기 전까지 예수님을 믿음으로 주님의 자녀가 된 사람들은 이 세상의 임금과 싸우는 주님의 용감한 전사들이다. 또 다시 마귀의 계략에 속아 넘어가서 이 모양인 이 세상에 대해 절망하거나 좌절해서는 안 된다. 또한 이 세상이 주는 일시적인 자기만족과 이기적인 평화에 안주해서는 안 된다. 이 모든 것은 창조의 가치와 질서를 파괴하고자 하는 마귀가 진정으로 바라는 인간상이다. 하나님의 전사들은 마귀의 술책에 대항하여 이 세상 악의 세력과 싸워 이겨야 한다. 그리하여 하나님의 구원의 역사에 대범하게 앞장서야 한다.

이 세상에서 하나님의 형상대로 살고자 하는 주님의 자녀는 이 세상에 속하지 않았다. 주님의 자녀가 이 세상에서 겪는 고통과 고난, 억울함과 피해를 보는 것은 이 세상의 임금이 아닌 공의로우신 주님을 따르는 증표이다. 우리는 하나님을 이 세상에서 세속적인 인간의 육신과 정신적인 욕망을 채워주시는 단순한 존재로 추락시켜서는 안 된다.

이 세상에 속한 사람들처럼 자기의 탐욕을 위해 하나님을 일개의 우상으로 만들어서는 안 된다. 하나님은 당신의 자녀들이 이 세상을 살아가는데 필요한 지혜와 용기, 필요한 만큼의 복을 주신다. 그리고 무엇보다 이 세상의 것이 아닌 영원한 생명을 주신다.

궁극적으로 에덴동산을 떠난 인간은 축복받은 존재가 아니다. 인생은 그 본질이 고통과 죽음이다. 인간에게 필연적인 고통과 죽음, 이 세상의 부조리와 불의와 비통함은 하나님이 창조한 질서가 아니다. 그것은 인간의 스스로 선택한 불순종과 이에 따라 필연적으로 발생되는 저주이다.

주님은 이러한 우리에게 이 세상을 살아갈 수 있도록 가죽옷을 지어 입히셨다. 그리고 하나님은 우리가 원초적으로 저지른 죄에 따라 발생하는 이 세상의 시련과 고통을 이길 수 있는 구원의 사다리를 주셨다. 그것은 복음이다. 모든 육체는 풀과 같고 모든 영광은 풀의 꽃과 같다. 풀은 마르고 꽃은 시들어 떨어진다. 그러나 하나님의 말씀은 영원하다. 그래서 우리는 항상 기뻐하고 끊임없이 기도하고 범사에 감사할 수 있다.

제 4 부 그의 묘지명

그의 묘지명

　송이는 하얀 털이 뽀송한 우리 집 예쁜 강아지 이름입니다.
　우리는 매일 같은 식탁에서 밥을 먹고 목욕도 같이 하고 저녁이면 한 침대에서 잠을 잡니다.
　그런데 송이에게 새 옷을 선물한 날에 사고가 터졌습니다.
　거울 앞에 선 송이는 거울 속에서 자기를 노려보고 있는 하얀 개 한 마리를 보고는 짖어대고 난리가 났습니다.
　이제 와서 내가 송이에게 거울의 원리를 가르치기에는 불가능하고, 송이도 절대 이해하지 못할 겁니다.
　나도 다른 사람들이 내가 송이 아빠가 아니라고 말해줘도 그것이 나에게 별다른 의미가 없다는 것을 압니다.
　독일의 위대한 철학자 '포이에르바하'는 인간이 자기 욕망을 초월의 거울에 투사하여 자기형상대로 신을 만들었다고 합니다.
　나도 가끔 하늘 높이 드론을 날리다가 그런 생각이 들 때도 있습니다. 내 기분에 따라 하늘에 다른 빛깔의 구름이 뜨듯이, 그 날 내 상태에 따라 다른 모양의 드론을 띄워 보고 싶어지기도 합니다.

강아지풀　123

자기가 사람이라고 생각하는 우리 집 송이는 혹시 지나가는 바람이 자기 집을 훔쳐 갈까봐 귀는 닫지 않고 잡니다.

송이 집에 방 한 칸을 차지하고 있는 나는 송이가 집을 잃을까봐 눈은 감지 않고 잠을 잘 때도 있습니다.

송이가 내게 자기 집을 맡기고 평화로이 떠나던 날 나는 송이와 약속했습니다. 때가 되면 송이 집을 온전히 다시 돌려주겠다고.

그의 묘지, 위대한 공포와 욕망이 잠들어 있는 신전—그가 창조한 신은 백골로 누워있는 그를 위해 이번에는 어떤 신탁을 내렸는지 무척 궁금합니다.

이 차가운 겨울, 수많은 신들을 제작하던 텅 빈 공장 마당에는 검푸른 눈만 소복이 쌓이는데……,

눈에 덮인 그의 묘비명 :

"사람이 자기형상을 따라 신을 만들었다"

※

　포이에르바하(Feuerbach, Ludwig : 1804년~1872년)는 19세기 독일철학자이다. 그는 "사람이 자기형상을 따라서 신을 만들었다"는 묘비명을 남겼다.
　그는 인간이 인간의 욕망을 초월의 장막에 투사한 것이 종교라고 했다. 다시 말해 종교는 사람의 창조물이라는 것이다.
　그래서 그는 인간이 죽지 않고 영원히 산다면, 죽음이 없다면 신도 없다. 인간의 무덤이 신의 탄생 장소, 즉 죽은 자의 무덤이 동시에 신전이라고 했다. 그의 사상을 계승하여 형상화한 사람이 "종교는 인민의 아편이다"고 한 칼 마르크스이다.

□ 해설

국경 없는 사랑과 화해의 시학
―김재완 시집 「강아지풀」에 부쳐

홍 문 표

시인 · 비평가 · 전 오산대학교총장

　어느 날 김재완 시인이 전화를 했다. 낯선 명함이었다. 사연인즉 나의 인터넷 시학강의를 듣고 너무 감동해서 고마운 마음에 전화를 했다는 것이다. 참으로 반가운 인연이다. 사람들은 교육이라면 공공기관에서 시행하는 대면 교육만을 생각한다. 그러나 세상이 달라졌다. 요즘은 인터넷 교육, 온라인 교육이 더 효율적인 세상이 되었다. 사실 대면 교육은 일정한 시간과 장소와 지정된 교사라는 제한을 받는다. 그러나 인터넷 교육은 시간이나 장소, 심지어는 횟수의 제한 없이 무제한으로 공부를 할 수 있어 마음만 먹으면 어느 분야든 맘껏,

그것도 좋은 강사의 강의를 골라서 들을 수 있으니 가히 교육의 혁명시대라 할 수 있다.

　김 시인은 그동안 강의를 열심히 듣고 직접 작품을 창작한 것이 수십 편이어서 시집을 내고 싶다고 했다. 몇 편을 읽어보니 이미 시의 기본적인 요소들을 충실히 터득한 경지여서 우선 창조문학지에 신인 문학상으로 등단을 하고 정식으로 시인이 되어 시집을 낸다면 더욱 금상첨화가 되겠다고 하였더니 나에게 시집 평까지 부탁하는 것이 아닌가. 내 연세가 있어 이제 필력이 둔해졌지만 그래도 인터넷 시학강좌를 통해 사제 간이 되었고 이제 당당히 시인으로 등단하여 첫 시집까지 내는 열정적인 시인제자의 모습을 보니 만남이 너무 반갑고 소중하고 자랑스럽기에 작품 몇 편을 골라 소감을 적는다.

　김재완 시인의 이번 첫 시집 제목은 「강아지풀」이다. 70여 편의 이번 시집에서 작품 「강아지풀」을 책 전체의 제목으로 삼은 것은 그만큼 「강아지풀」이 이번 시집을 통해 드러내려는 시인의 관심과 의도가 크게 함축된 것이라는 데서 주목하게 된다. 사실 시란 작품 하나하나가 독립된 상상력의 세상이지만 시집의 제목을 정하고 작품을 배열하는 편집을 하는 행위도 독자와의 소통을 위한 배려라는 데서 시집 제목에 대한 비중을 먼저 고려하게 된다.

　일반적으로 강아지풀이라면 산야나 길가에 흔하게 돋아난 일년생 잡초다. 씨앗 사이로 부드러운 털이 있고 바람이 불면 흔들리는 모습이 반갑게 흔드는 개꼬리 같아 붙여진 이름이라 하는데 어린 시절 이 이삭을 잘라 코나 목을 간질이던 유년기 추억의 풀이기도 하다. 워낙 흔하게 자라는 잡초라서 크게 주목받는 식물도 아니다. 이런 강아지풀을 김 시인은 이번 시집 전체를 대표하는 제목으로 삼은 것이다. 무슨 사연으로 시집 제목을 삼았을까.

　　　　꽃도 아닌 것이
　　　　꽃처럼 한들한들
　　　　강아지도 아닌 것이
　　　　머리를 살랑살랑
　　　　아무도 눈길조차,
　　　　손길조차 주지 않았는데도
　　　　송곳 꽂을 땅만 있어도
　　　　가난한 뿌리를 내리고
　　　　유행이 지난 초록 옷을 입고서

　　　　오늘도 출근길
　　　　혼잡한 도심의 도로가에서
　　　　눈여겨보는 사람도 없는데도
　　　　저 혼자서 낯도 가리지 않고
　　　　먼저 말을 걸어온다.

꽃이 저 슬퍼하는 당신을
위로한다고 살랑이며 머리를 흔든다.
-「강아지풀」 전문

　시의 생명은 상식적인 일상적인 의미나 가치를 인정하는 것이 아니라 그런 의미나 가치는 모두 낯익은 인식이어서 우리에게 감동을 주지 못하는 것이라는 전제에서 시인은 기존 상식의 껍질을 벗기고 숨겨 있는 진실을 드러내어 새로운 생명체로 창조하는 것이 첫 번째 작업이다. 시인은 첫 연에서 "꽃도 아닌 것이 /꽃처럼 한들한들"이라 하여 사실 보기 좋은 꽃이 아닌 잡초의 존재지만 이를 꽃으로 격상시키고 강아지도 아닌 것이 강아지가 되어 머리를 살랑살랑 이라 하여 부동의 잡초를 정감 있는 강아지로 변신시켜 정감 있는 존재로 드러내고 있다. 별것 아닌 잡초를 꽃으로 강아지로 그것도 한들한들 살랑살랑을 더하여 반갑고 기쁘게 맞아주는 모습으로 그 태도를 형상화 한 것이다.

　둘째 연에서 부터는 강아지풀의 생명력과 누구도 거들떠보지 않는 무관심인데도 오히려 초연하게 초록 옷 분장을 하고 실의에 빠진 이웃이나 인간들을 위로하는 그 성숙한 이타적 헌신의 모습을 보여 줌으로 이기심에 찌든 인간들의 삶에 던지는 강한 반성의 메시지가 되고 있다.

강아지풀이라는 참으로 보잘 것 없는 누구도 관심 갖지 않는 무명의 존재이지만 오히려 그러한 일상의 인식을 초연히 벗어나 이웃과 세상에 위로가 되고 희망이 되는 이타봉사의 삶이 얼마나 아름다운 것인지 이 시는 오히려 우리를 돌아보게 하는 강한 메시지가 있다. 이전 투구하는 현실이지만 진흙탕에 핀 연꽃처럼 우리를 숙연케 하는 뒤돌아봄의 역설이 진한 여운을 남긴다.

시인은 왜 시를 쓰는가, 이유야 저마다 다를 수 있다. 그러나 시를 쓰는 가장 소중한 이유는 모두가 행복해지는 삶을 위해서다. 나도 행복하고 너도 행복한 삶을 위해 시를 쓰는 것이다. 세상이 공평하고 따뜻한 사랑으로 가득한 꽃밭이라면 시를 쓸 필요가 없다. 그런데 세상에는 모두의 행복을 위해 남을 존중하고 배려하는 것이 아니라 비난하고, 차별화하고, 질투하는 이기적 존재들이 너무나 많다. 그러기에 시인의 가장 아름다운 사명은 세상을 사랑과 화해로 아우르며 사랑의 세상, 행복의 꽃밭을 가꾸는 초연한 원예사가 되는 것이다. 이런 점에서 이번 김재완 시인의 시집 제1부 「담장을 헐면」의 작품들이 계속 주목된다.

가족사진을 찍는 날

(김치-)

안방에 붙박이장이 된 아빠는 빼고
그 옆에 돌아누운 엄마도 빼고
닭 모이를 구하러 나간 오빠도 빼고
바둑이와 야옹이가 자리를 채운
가족사진

(-찰칵)

성도 다르고
얼굴도 전혀 닮지 않았지만
한 곳을 응시하는
사랑으로 똘똘 뭉쳐진
행복한 나의 가족들
나의 가족사진

예쁜 동물원 사진

　　　　　　　　　　　　　　　　-「가족사진」 전문

강은 이름이 있고 국적도 있지만
강물은 그저 강물이다
강에 흐르는 물은 모두가 강물이다

강은 만나고 헤어지고
국경을 바꾸어 흘러가지만
빗물도 강으로 흐르면 강물이 되고
눈물도 강으로 흘러가 강물이 된다

사람들은 국적이 있지만
사랑은 국경이 없이
사람들의 가슴과 가슴속으로 흐르는
강물이다
이 차가운 세상을 적시며 흐르는 따뜻한 눈물이다

강물이 흐르듯이 누군가의 눈물이 있어
사랑도 흐른다
이 땅위로 쏟아지는 빛줄기처럼

아픔에는 국적이 없듯이
사랑에도 국경이 없다
-「국경 없는 의사회」 전문

담장을 헐면
네 얼굴이 보인다

담장을 헐면
내 마음이 열린다

울타리가 걷히면
빗장이 사라지고
담쟁이처럼 얽힌
편견과 오해가 풀린다

담장이 없어지면

막힌 길이 뚫린다
닫힌 가게가 문을 연다.
-「담장을 헐면」 전문

　시집 첫 페이지는 「가족사진」이라는 작품으로 시작한다. 그러나 이 가족사진은 인간가족이 아니라 동물가족이다. 세상에서는 견묘지간이라 하여 껄끄러운 관계의 동물사진이다. 여기서 시인의 행복관을 보게 된다. 행복은 가족이 더불어 사랑을 나누는 것이라 했다. 그러나 이 시인의 가족 개념은 인간끼리가 아니라 동물과 함께이다. 더구나 이들 동물가족은 서로가 껄끄러운 개와 고양이가 어우러지는 가족이다.

　사실 인간들의 본질적인 불행은 먼저 인간끼리의 반목이다. 다음은 인간과 신과 자연과의 반목이다. 이 점에서 시인은 인간끼리가 아니라 뒤에 보이는 신앙시를 포함하여 인간과 자연과 동물과 신이 함께 어우러지는 가족 간의 사랑과 화해를 꿈꾸는 행복관이다. "성도 다르고 얼굴도 전혀 닮지 않았지만/ 한 곳을 응시하는/사랑으로 똘똘 뭉쳐진/ 행복한 나의 가족들" 이처럼 그의 가족사진은 이질적인 것들이 모두 사랑으로 통합되는 화해의 시학이다.

　이러한 시정신은 작품 「국경 없는 의사회」에서도 잘 보여 준다. 앞서 「가족사진」에서는 사람과 동물의 국경을 허문 사랑의 이야기라면 이 작품은 인종이 다르고 국적이 다른 인간들 간의 인간애를 보여주는 국경 없는 의사들의 진정한 사랑의 이야기다. 특히 이 작품에서는 국경 없는 의사들의 사랑과 봉사를 강과 강물이라는 은유적 이미지로 하여 강은 국적이 있지만 강물은 국적이 없다는 것으로 잘 대비하고 있으며 이와 더불어 국경 없는 강물의 은유적 이미지는 눈물과 사랑으로 확

대되어 더욱 국적을 초월한 의사들의 사랑의 실천이 더불어 사는 행복한 삶의 진실이 무엇인가를 시적 이미지를 통해 잘 말해 주고 있다.

그런데 차별 없는 동물에 대한 사랑의 실천이나 국경을 초월한 의사들의 사랑의 실천이나 이들의 사랑에는 일상의 사고나 이기적인 삶의 경계를 허무는 결단이 있어야 한다. 그래서 작품 「담장을 헐면」은 바로 이러한 경계 허물기의 결단을 잘 보여주는 작품이다. 사실 인간들의 불행은 아니, 인간이나 자연이나 신들의 불행은 모두가 각자의 높다란 담장을 치고 있기 때문이다. 따라서 이기적인 각자의 담장을 허는 자기 낮춤에서 진정 사랑과 화해와 평화와 행복의 꽃밭이 눈부시게 빛날 수 있는 것이다. "담장을 헐면/ 네 얼굴이 보인다", "마음이 열린다" "편견과 오해가 풀린다" "막힌 길이 뚫린다" "닫힌 가게가 문을 연다" 모두가 격언처럼 소중한 언어들로 행복한 세상을 열어가고자 하는 시인의 진정성을 잘 보여주고 있다.

수십 편의 시를 묶어 한 권의 시집을 내는데 연작시가 아닌 이상 단일한 주제의 시만으로 편집될 수는 없다. 그러나 김재완 시인의 이번 시집 전편에는 보다 따뜻한 사랑의 정서가 강한 음정으로 진동하고 있음을 보게 된다. 사실 시집 제목으로 사용된 「강아지풀」은 보잘 것 없는 무명의 잡초가 오히려 인간을 위로하는 사랑의 노래다. 「가족사진」은 동물과 행복한 사랑 이야기다. 그런가 하면 「국경 없는 의사회」는 국경을 초월한 의사들의 숭고한 인간애에 대한 행복한 이야기다. 그 뿐이 아니다. 이번 시집 3부와 4부는 신에 대한, 즉 하나님에 대한 사랑의 찬양 시이다. 그리고 2부에 있는 작품 「너의 호숫가에」 역시 사랑의 노래로 꽃처럼 환한 향기가 난다.

> 나는 너의 호숫가에서 자라는
> 한 그루 나무이고 싶다
> 너에게 뿌리를 내리고
> 너의 아픈 눈물을 마시며 살고 싶다
>
> 나는 너의 호숫가에서 둥지를 틀고 사는
> 외로운 안개이고 싶다
> 새벽이면 찬이슬에 떨고 있는 너를
> 솜이불처럼 따뜻이 덮어주고 싶다
>
> 나는 너의 호수 속에 살고 있는
> 한 마리 물고기이고 싶다
> 너의 수심 가장 깊은 곳에서
> 너만을 위한
> 소리 없는 울림을 만들어 주고 싶다
>
> — 「너의 호숫가에」 전문

시가 산문과 두드러지게 다른 점은 바로 개성적인

리듬과 은유적 상상력의 선명함에 있다. 이 시도 앞서 다양한 사랑의 시학과 맥을 같이 하지만 인간사랑 중에서도 특히 자신과 가장 가까운 가족사랑 또는 부부사랑이라는 점에서 더욱 보기에 좋은 사랑의 고백이 되고 있다. 더구나 이 시는 시학의 생명인 은유적 상상력이 더욱 선명한 감각으로 드러나고 있어 시학적 성공을 거두고 있다.

이 시는 내가 너에 대하여 고백하고 다짐하는 사랑의 시다. 그런데 너는 호수, 나는 나무, 안개, 물고기라는 은유로 자신을 변신하면서 고백하는 뜨거운 사랑의 시다. 그 사랑의 열정이 얼마나 대단한지 나무는 너의 아픈 눈물을 마시고 싶은 나무다. 안개는 숨이불처럼 따뜻이 덮어주고 싶은 안개, 물고기는 너의 수심 가장 깊은 곳에서 너만을 위한 소리 없는 울림의 물고기로 전이되고 있어 그의 사랑의 고백이 얼마나 열정적이고 헌신적인 것인지를 구체적인 감각적 이미지를 통하여 더욱 선명하게 드러나고 있다.

물론 첫 시집이라 산문적인 형태의 작품도 있고, 노트를 첨가한 작품도 있고, 사변적인 신앙고백의 종교적인 시들도 있어 실험성과 다양성을 보이는 측면도 있지만 이들은 시학적 성숙을 거쳐 더욱 전문화되고 심화될

것으로 기대하며 결론적으로 이번 시집이 보여주는 안정된 리듬, 신선한 은유적 상상력의 예리한 시력, 거기에 하나님, 자연, 인생의 화해와 통합과 사랑이 어우러지는 행복한 코노테이션의 시학이라는 점에서 매우 성공적이었음을 높이 평가하며 첫 시집 발간을 진심으로 축하하는 바이다.

강아지풀

김재완 시집

2023년 7월 25일 인쇄
2023년 7월 26일 발행

지은이 김 재 완
펴낸이 신 용 호
펴낸곳 창조문학사

서울 서대문구 홍은동 397-26 동천아카데미 5층
등록번호 제1-263호
　　전화 374-9011, Fax 374-5217
공급처 한국출판협동조합 전화 716-5616~9

저자와 협의에 의해 인지를 생략합니다.
파본은 바꾸어 드립니다.
　　값 10,000원
　　ISBN 978-89-7734-793-9